skule - школа	2
reise - подорож	5
transport - транспорт	8
by - місто	10
landskap - ландшафт	14
restaurant - ресторан	17
matbutikk - супермаркет	20
drikkevarer - напої	22
mat - їжа	23
bondegard - ферма	27
hus - дім	31
stove - вітальня	33
kjøken - кухня	35
bad - ванна кімната	38
barnerom - дитяча кімната	42
klede - одяг	44
kontor - офіс	49
økonomi - економіка	51
yrker - професії	53
verktøy - інструменти	56
musikkinstrument - музичні інструменти	57
dyrehage - зоопарк	59
sport - спорт	62
aktivitetar - дії	63
familie - сім'я	67
kropp - тіло	68
sykehus - лікарня	72
naudsituasjon - аварійний випадок	76
jorda - Земля	77
klokke - годинник	79
veke - тиждень	80
år - рік	81
former - форми	83
fargar - фарби	84
motsetnader - протилежності	85
tal - числа	88
språk - мови	90
kven / kva / korleis - хто / що / як	91
kvar - де	92

Impressum
Verlag: BABADADA GmbH, Nedderfeld 112 , 22529 Hamburg
Geschäftsführer / Verlagsleitung: Harald Hof
Druck: Books on Demand GmbH, In de Tarpen 42, 22848 Norderstedt

Imprint
Publisher: BABADADA GmbH, Nedderfeld 112 , 22529 Hamburg, Germany
Managing Director / Publishing direction: Harald Hof
Print: Books on Demand GmbH, In de Tarpen 42, 22848 Norderstedt, Germany

skule
школа

- dividere — ділити
- tavle — дошка
- klasserom — класна кімната
- skulegard — шкільний двір
- lærar — вчитель
- papir — папір
- penn — ручка
- pult — письмовий стіл
- skrive — писати
- linjal — лінійка
- bok — книга
- elev — учень

ransel — ранець

pennal — пенал

blyant — олівець

blyantspissar — точило

viskelær — гумка

teikneblokk — альбом для малювання

teikning
малюнок

pensel
пензель

målarskrin
коробка фарб

saks
ножиці

lim
клей

arbeidsbok
зошит

lekse
домашнє завдання

tal
число

addere
додавати

subtrahere
віднімати

multiplisere
множити

rekne
рахувати

bokstav
літера

alfabet
абетка

ord
слово

skule - школа

tekst
текст

lese
читати

krit
крейда

skuletime
година

klassebok
класний журнал

eksamen
екзамен

vitnemål
диплом

skuleuniform
шкільна форма

utdanning
освіта

leksikon
лексикон

universitet
університет

mikroskop
мікроскоп

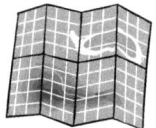
kart
карта

papirkorg
кошик для паперу

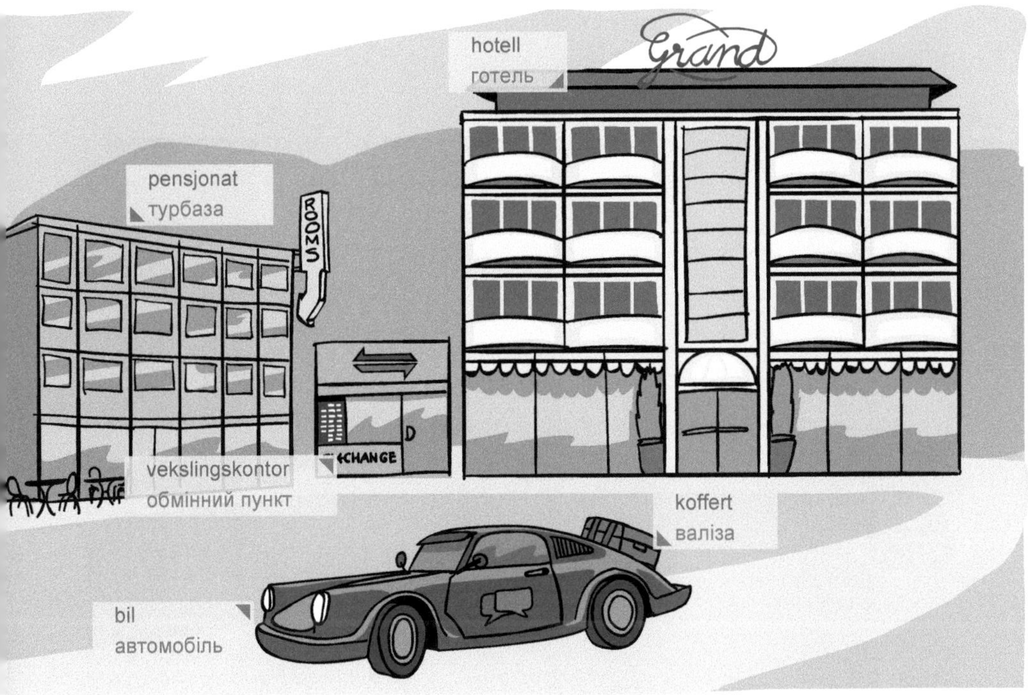

reise
подорож

hotell
готель

pensjonat
турбаза

vekslingskontor
обмінний пункт

koffert
валіза

bil
автомобіль

språk
мова

ja / nei
так / ні

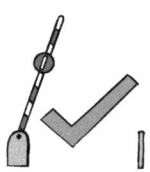

okay
добре

Hei
привіт

tolk
перекладач

takk skal du ha
дякую

Kva kostar...?
Скільки коштує ...?

Eg forstår ikkje
Я не розумію

problem
проблема

God kveld!
Добрий вечір!

God morgon!
Доброго ранку!

God natt!
На добраніч!

ha det bra
До побачення

retning
напрямок

bagasje
багаж

veske
сумка

ryggsekk
рюкзак

gjest
гість

rom
кімната

sovepose
спальний мішок

telt
намет

reise - подорож

turistinformasjon
туристична інформація

strand
пляж

kredittkort
кредитна картка

frukost
сніданок

lunsj
обід

middag
вечеря

billett
квиток

heis
ліфт

stempel
поштова марка

grense
межа

toll
митниця

ambassade
посольство

visum
віза

pass
паспорт

reise - подорож

transport
транспорт

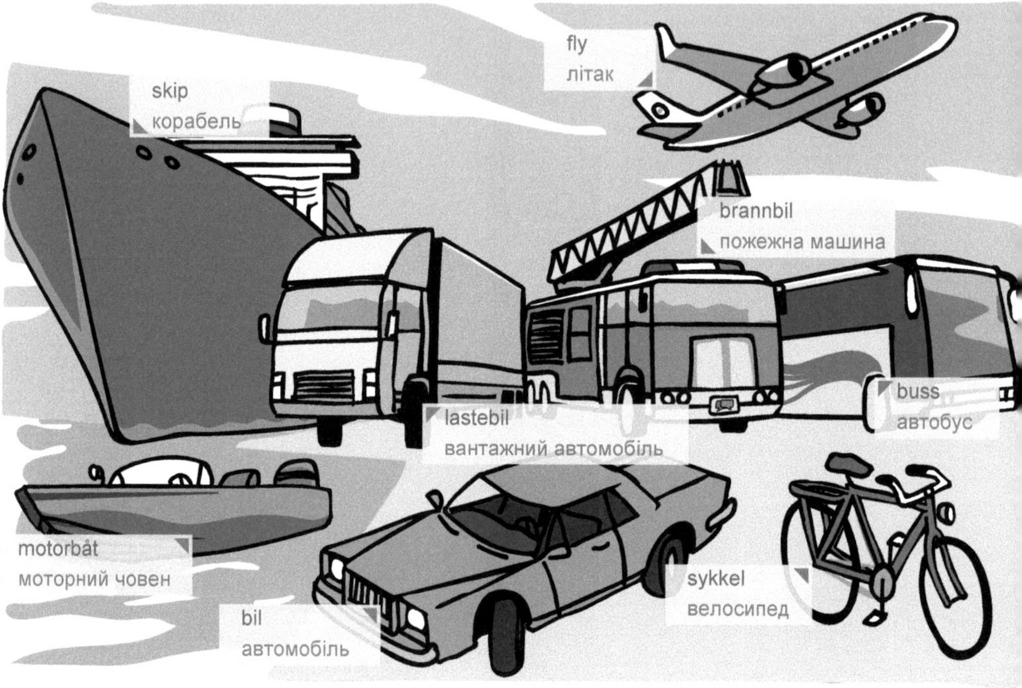

skip
корабель

fly
літак

brannbil
пожежна машина

lastebil
вантажний автомобіль

buss
автобус

motorbåt
моторний човен

bil
автомобіль

sykkel
велосипед

ferje

пором

båt

човен

motorsykkel

мотоцикл

politibil

поліцейська машина

racerbil

гоночний автомобіль

leigebil

автомобіль на прокат

bilkollektiv

пільне користування авто

bergingsbil

евакуатор

søppelbil

сміттєвоз

motor

двигун

drivstoff

паливо

bensinstasjon

автозаправна станція

trafikkskilt

дорожній знак

trafikk

рух

trafikkork

затор

parkeringsplass

стоянка

togstasjon

вокзал

skine

рейки

tog

потяг

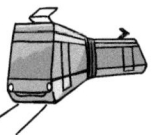

trikk

трамвай

vogn

вагон

transport - транспорт

helikopter
гелікоптер

flyplass
аеропорт

tårn
вежа

passasjer
пасажир

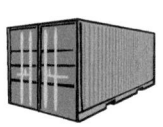
konteinar
контейнер

kartong
коробка

tralle
візок

kurv
кошик

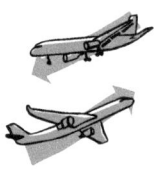
starte / lande
стартувати / приземлятися

by
місто

landsby
село

sentrum
центр міста

hus
дім

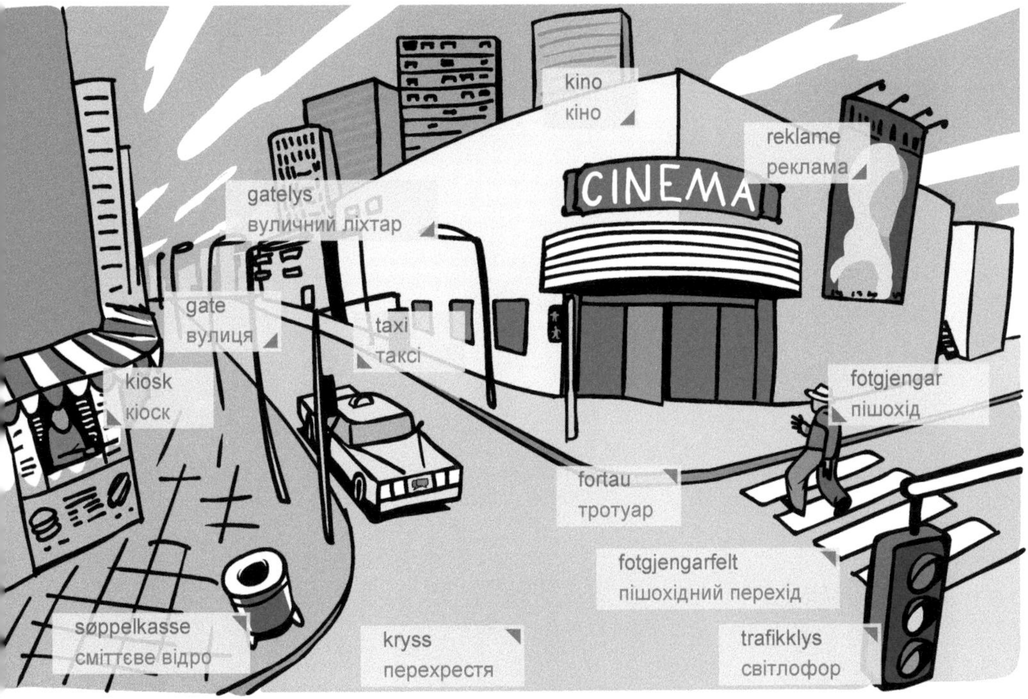

kino
кіно

reklame
реклама

gatelys
вуличний ліхтар

gate
вулиця

taxi
таксі

fotgjengar
пішохід

kiosk
кіоск

fortau
тротуар

fotgjengarfelt
пішохідний перехід

søppelkasse
сміттєве відро

kryss
перехрестя

trafikklys
світлофор

hytte
хатина

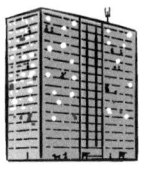

leilegheit
квартира

togstasjon
вокзал

rådhus
ратуша

museum
музей

skule
школа

by - місто

universitet	bank	sykehus
університет	банк	лікарня

hotell	apotek	kontor
готель	аптека	офіс

bokhandel	butikk	blomsterbutikk
книжковий магазин	магазин	квітковий магазин

matbutikk	marknad	varehus
супермаркет	ринок	універмаг

fiskehandlar	kjøpesenter	hamn
торговець рибою	торговельний центр	гавань

park
парк

benk
лава

bro
міст

trapp
сходи

t-bane
метро

tunnel
тунель

busstopp
автобусна зупинка

bar
бар

restaurant
ресторан

postkasse
поштова скринька

gateskilt
вулична табличка

parkometer
лічильник паркування

dyrehage
зоопарк

svømmebasseng
басейн

moské
мечеть

bondegard
ферма

miljøforurensing
забруднення навколишнього середовища

kyrkjegard
кладовище

kyrkje
церква

leikeplass
дитячий майданчик

tempel
храм

landskap
ландшафт

blad — листок
vegvisar — вказівний стовп
veg — шлях
eng — луг
stein — камінь
turgåar — мандрівник
tre — дерево
elv — річка
gras — трава
blome — квітка

dal	fjell	innsjø
долина	гора	озеро
	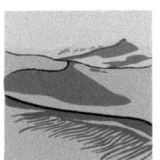	
skog	ørken	vulkan
ліс	пустеля	вулкан

slott	regnboge	sopp
замок	веселка	гриб

palmetre	mygg	fluge
пальма	комар	муха

maur	bie	edderkopp
мурашка	бджола	павук

landskap - ландшафт

bille	frosk	ekorn
жук	жаба	вивірка

piggsvin	hare	ugle
їжак	заєць	сова

fugl	svane	villsvin
птах	лебідь	кабан

hjort	elg	demning
олень	лось	гребля

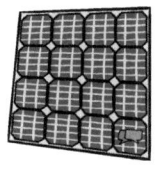

vindturbin	solcellepanel	klima
вітряк	сонячний модуль	клімат

landskap - ландшафт

restaurant
ресторан

kelner
офіціант

meny
меню

stol
стілець

suppe
суп

pizza
піца

bestikk
столові прилади

duk
скатертина

forrett
закуска

hovudrett
друга страва

dessert
десерт

drikkevarer
напої

mat
їжа

flaske
пляшка

restaurant - ресторан

hurtigmat
фаст-фуд

gatemat
вулична їжа

tekanne
чайник

sukkerskål
цукорниця

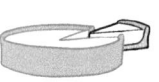
porsjon
порція

espressomaskin
еспресо-машина

barnestol
високий стільчик

rekning
рахунок

brett
піднос

kniv
ніж

gaffel
вилка

skei
ложка

teskei
чайна ложка

serviett
серветка

glas
склянка

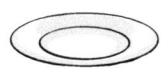

tallerken
тарілка

suppetallerken
тарілка для супу

skål
блюдце

saus
соус

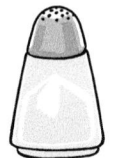

saltbøsse
солонка

pepparkvern
млин для перцю

eddik
оцет

olje
масло

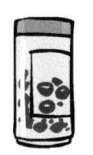

krydder
спеції

ketsjup
кетчуп

sennep
гірчиця

majones
майонез

restaurant - ресторан

matbutikk
супермаркет

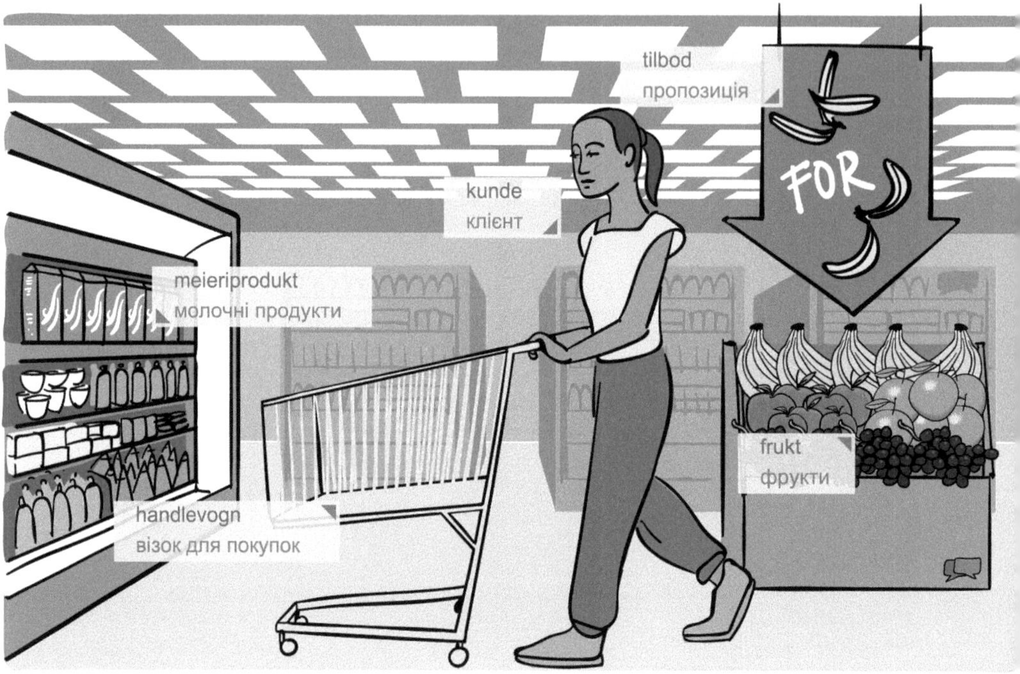

tilbod
пропозиція
FOR
kunde
клієнт
meieriprodukt
молочні продукти
frukt
фрукти
handlevogn
візок для покупок

BUTCHERS

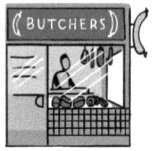

slaktar

м'ясний магазин

BAKERY

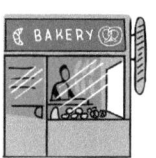

bakeri

пекарня

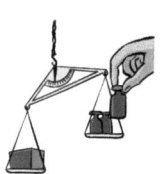

vege

зважувати

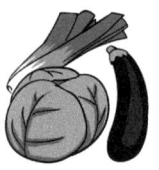

grønnsaker

овочі

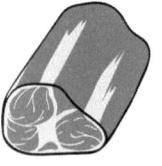

kjøtt

м'ясо

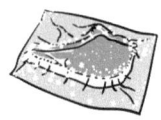

frysevarer

заморожені продукти

oppskore pålegg
ковбасна нарізка

hermetikk
консерви

vaskepulver
пральний порошок

godteri
солодощі

hushaldningsprodukt
предмети домашнього побуту

reingjeringsmiddel
мийний засіб

butikkmedarbeidar
продавщиця

kassaapparat
каса

kasserar
касир

handleliste
список покупок

opningstider
часи роботи

lommebok
гаманець

kredittkort
кредитна картка

veske
сумка

plastpose
поліетиленовий пакет

matbutikk - супермаркет

drikkevarer
напої

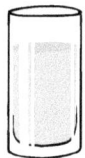

vatn
вода

juice
сік

mjølk
молоко

cola
кола

vin
вино

øl
пиво

alkohol
алкоголь

kakao
какао

te
чай

kaffi
кава

espresso
еспресо

cappuccino
капучіно

mat
їжа

banan
банан

eple
яблуко

appelsin
апельсин

melon
кавун

sitron
лимон

gulrot
морква

kvitlauk
часник

bambus
бамбук

løk
цибуля

sopp
гриб

nøtter
горішки

nudlar
локшина

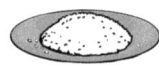

spagetti

спагеті

ris

рис

salat

салат

pommes frites

картопля фрі

steikte poteter

смажена картопля

pizza

піца

hamburger

гамбургер

sandwich

бутерброд

kotelett

шніцель

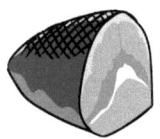

skinke

шинка

salami

салямі

pølse

ковбаса

kylling

курка

steik

печеня

fisk

риба

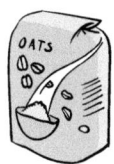
havregryn
вівсяні пластівці

müsli
мюслі

cornflakes
кукурудзяні пластівці

mjøl
борошно

croissant
круасан

rundstykke
булочка

brød
хліб

rista brød
тостовий хліб

kjeks
печиво

smør
масло

kvarg
сир

kake
пиріг

egg
яйце

speilegg
яєчня

ost
сир

mat - їжа

iskrem	sukker	honning
морозиво	цукор	мед

syltetøy	sjokoladepålegg	karri
мармелад	нуга-крем	карі

bondegard
ферма

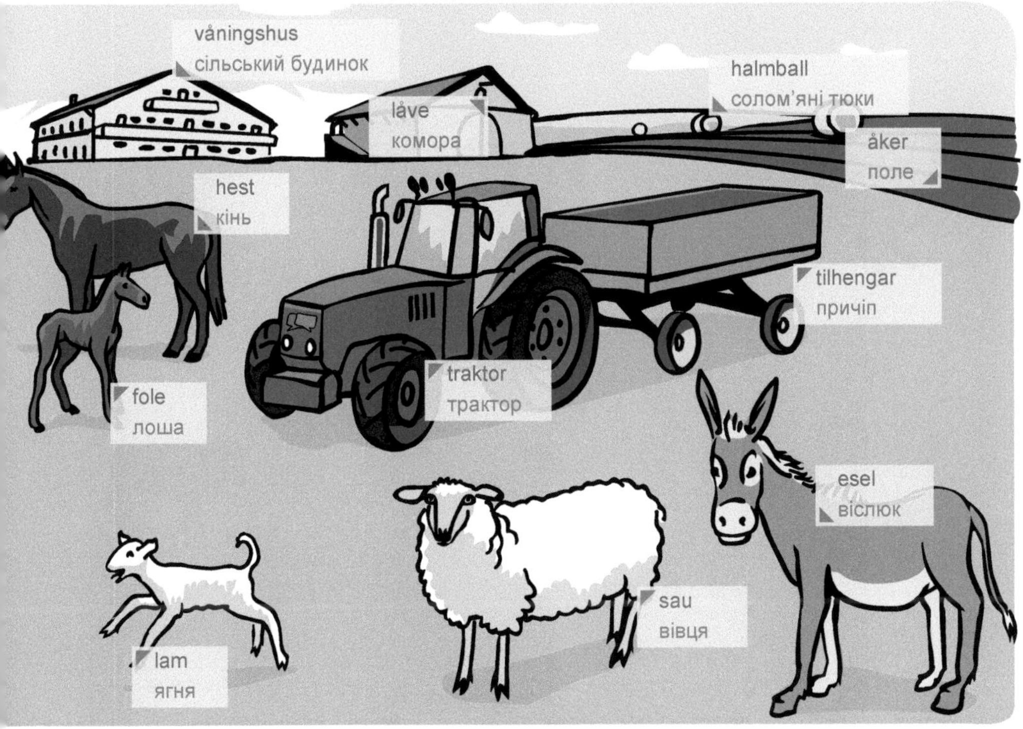

våningshus — сільський будинок
låve — комора
halmball — солом'яні тюки
åker — поле
hest — кінь
tilhengar — причіп
fole — лоша
traktor — трактор
esel — віслюк
sau — вівця
lam — ягня

geit
коза

ku
корова

kalv
теля

gris
свиня

grisunge
порося

okse
бик

gås
гусак

and
качка

kylling
курча

høne
курка

hane
півень

rotte
щур

katt
кіт

mus
миша

okse
віл

hund
собака

hundehus
собача будка

hageslange
садовий шланг

vasskanne
лійка

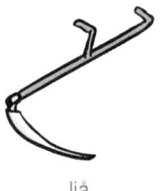
ljå
коса

plog
плуг

bondegard - ферма

sigd
серп

hakke
мотика

høygaffel
вила

øks
сокира

trillebår
тачка

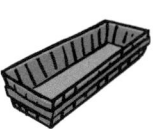
trau
корито

mjølkekanne
бідон молока

sekk
мішок

gjerde
паркан

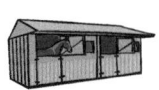
fjøs
хлів

drivhus
теплиця

jord
ґрунт

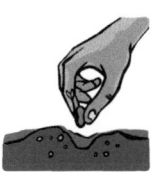
frø
насіння

gjødsel
добриво

skurtreskar
комбайн

bondegard - ферма

hauste
пожинати

innhausting
урожай

yams
корінь ямсу

kveite
пшениця

soja
соя

potet
картопля

mais
кукурудза

raps
ріпак

frukttre
плодове дерево

kassava
маніок

korn
злаки

bondegard - ферма

hus
дім

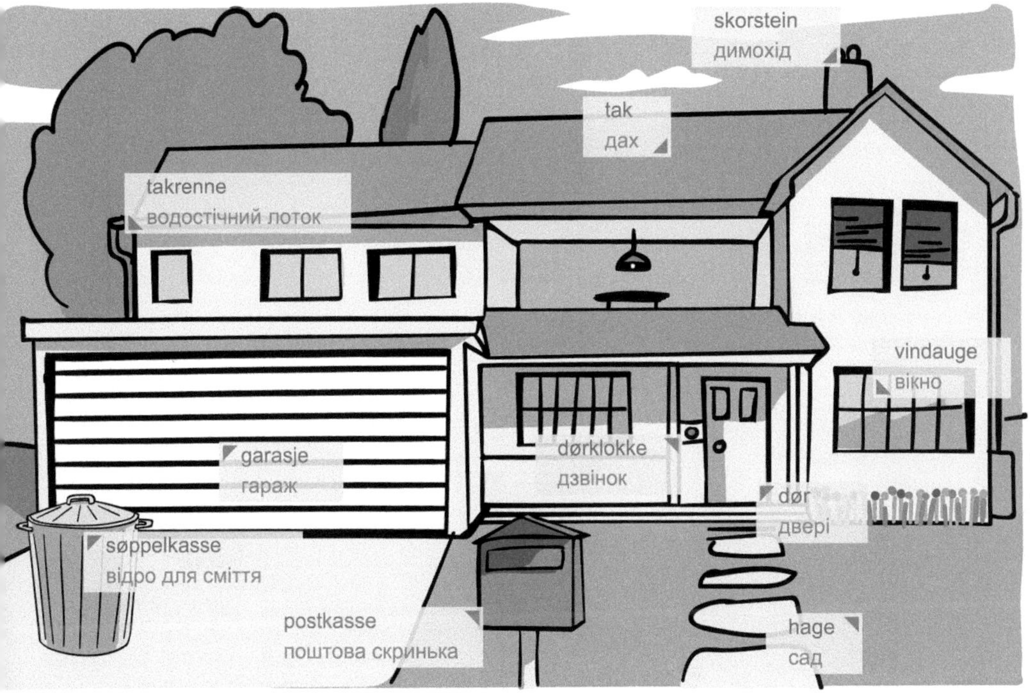

skorstein / димохід
tak / дах
takrenne / водостічний лоток
vindauge / вікно
garasje / гараж
dørklokke / дзвінок
dør / двері
søppelkasse / відро для сміття
postkasse / поштова скринька
hage / сад

stove

вітальня

bad

ванна кімната

kjøken

кухня

soverom

спальня

barnerom

дитяча кімната

spisestove

їдальня

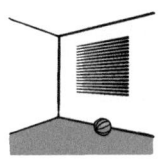

golv

підлога

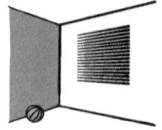

vegg
підлога
стіна

tak

стеля

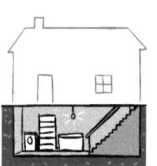

kjellar

підвал

badstove
сауна

balkong
балкон

terrasse
тераса

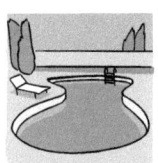

svømmebasseng

басейн

grasklippar
косарка

laken
простирало

dyne
ковдра

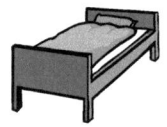

seng
ліжко

kost
мітла

bøtte
відро

brytar
перемикач

hus - дім

stove

вітальня

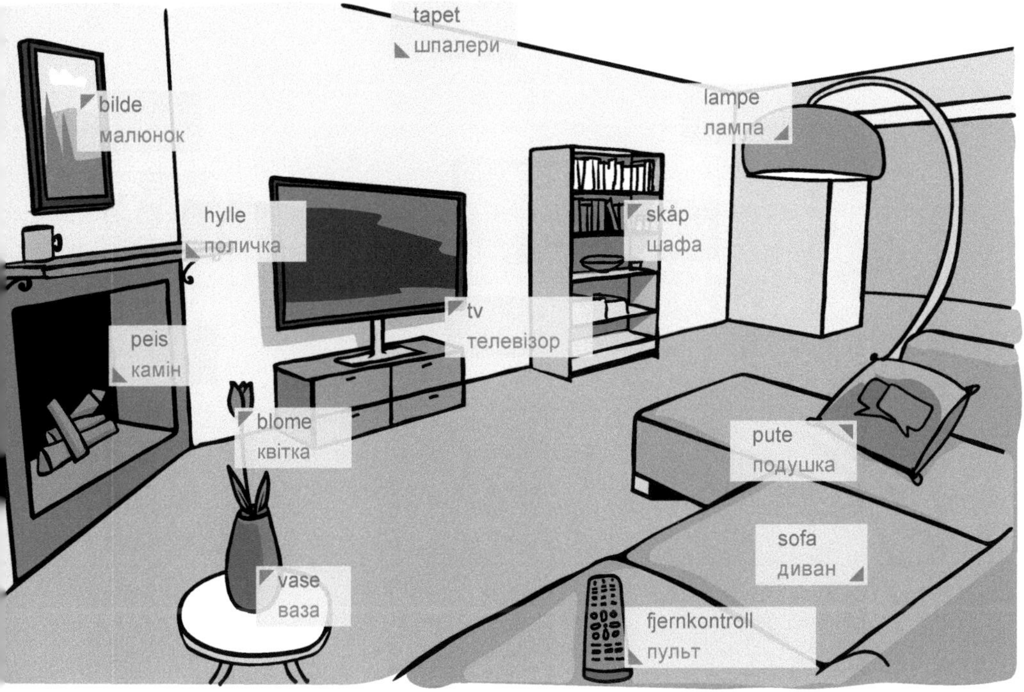
tapet
шпалери
bilde
малюнок
lampe
лампа
hylle
поличка
skåp
шафа
tv
телевізор
peis
камін
blome
квітка
pute
подушка
sofa
диван
vase
ваза
fjernkontroll
пульт

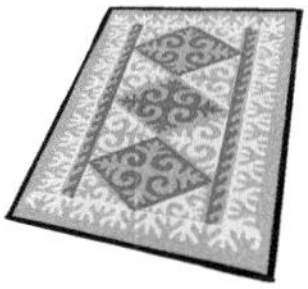

golvteppe

килим

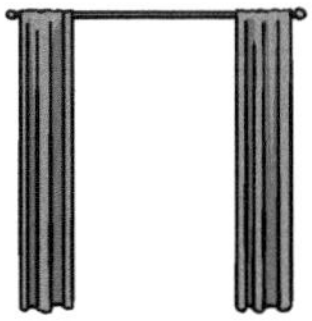

gardin

завіса

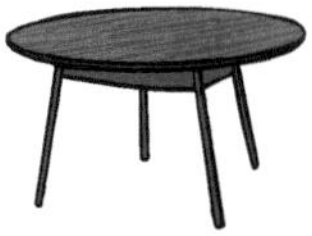

bord

стіл

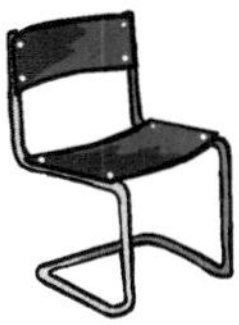

stol

стілець

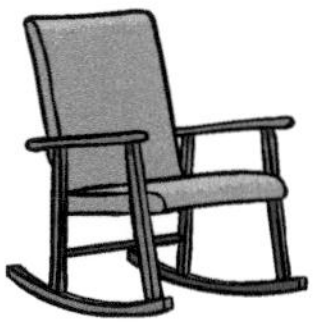

gyngestol

крісло-гойдалка

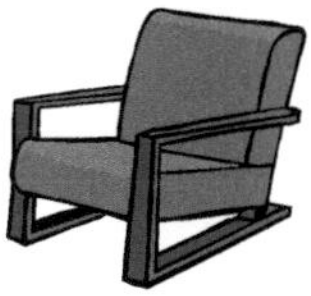

lenestol

крісло

bok
книга

teppe
ковдра

dekorasjon
прикраса

ved
дрова

film
фільм

stereoanlegg
стереосистема

nøkkel
ключ

avis
газета

måleri
картина

plakat
плакат

radio
радіо

notatblokk
блокнот

støvsuger
пилосос

kaktus
кактус

lys
свічка

stove - вітальня

kjøken
кухня

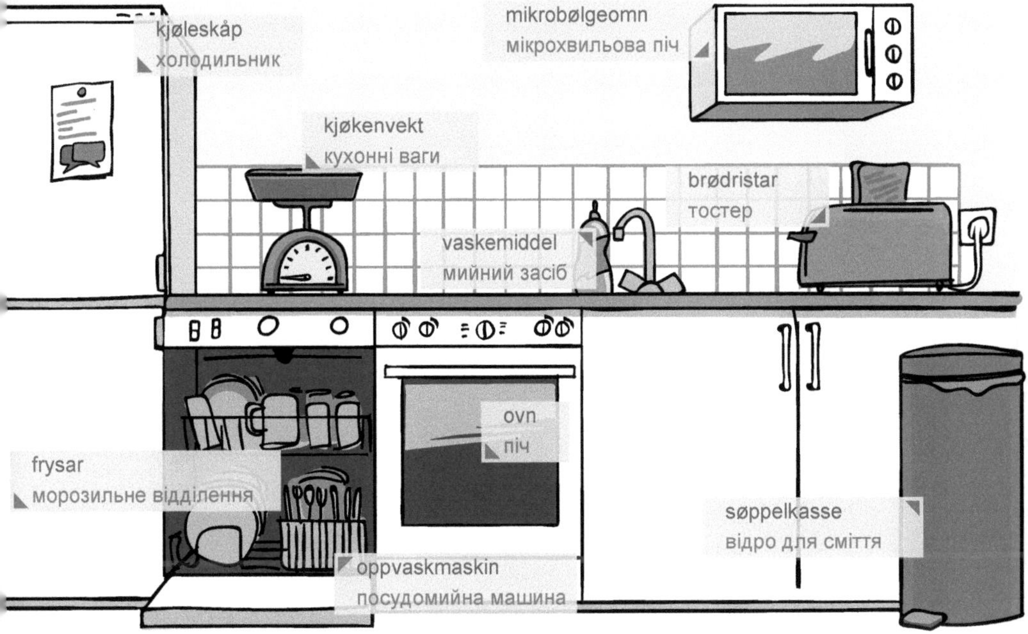

- kjøleskåp / холодильник
- mikrobølgeomn / мікрохвильова піч
- kjøkenvekt / кухонні ваги
- brødristar / тостер
- vaskemiddel / мийний засіб
- ovn / піч
- frysar / морозильне відділення
- søppelkasse / відро для сміття
- oppvaskmaskin / посудомийна машина

komfyr
плита

gryte
горщик

jarngryte
чавунний горщик

wokpanne
вок / кадай

panne
сковорода

vatnkokar
чайник

dampovn
пароварка

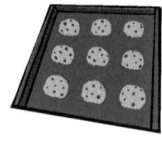
steikebrett
лист

servise
посуд

krus
кухоль

bolle
чаша

spisepinnar
палички для їжі

ause
черпак

steikespade
лопатка

visp
вінчик для збивання

sil
сито

sil
сито

rivjarn
терка

mørtel
ступка

grill
барбекю

bål
багаття

skjærefjøl
дошка

kjevle
качалка

korketrekkar
штопор

boks
консерва

boksopnar
відкривачка

gryteklut
прихватки

vask
раковина

børste
щітка

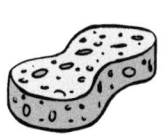

svamp
губка

blender
міксер

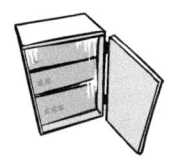

fryseboks
морозильна камера

tåteflaske
дитяча пляшка

kran
кран

kjøken - кухня

37

bad
ванна кімната

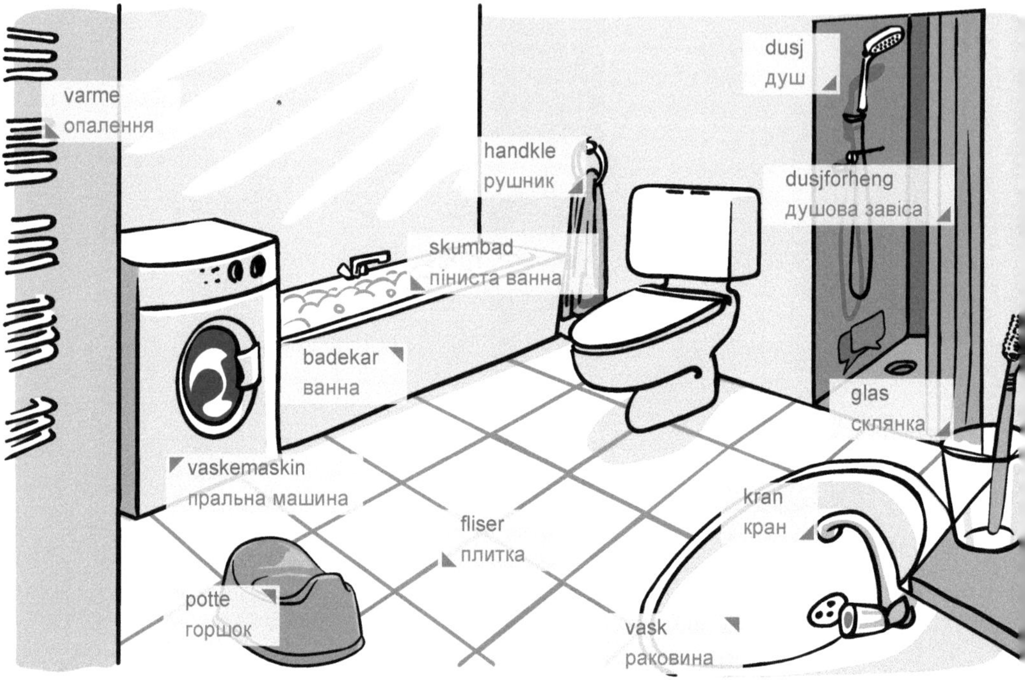

- varme — опалення
- dusj — душ
- handkle — рушник
- dusjforheng — душова завіса
- skumbad — піниста ванна
- badekar — ванна
- glas — склянка
- vaskemaskin — пральна машина
- kran — кран
- fliser — плитка
- potte — горшок
- vask — раковина

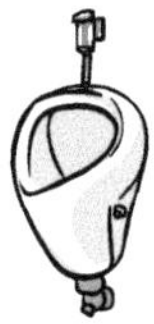

toalett	ståtoalett	bidet
туалет	підлоговий туалет	біде
pissoar	toalettpapir	toalettbørste
пісуар	туалетний папір	щітка для туалету

bad - ванна кімната

tannbørste

зубна щітка

tannkrem

зубна паста

tanntråd

нитка для чищення зубів

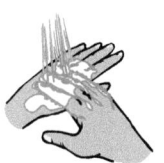

vaske

мити

handdusj

ручний душ

intimdusj

інтимний душ

oppvaskbalje

таз

ryggbørste

щітка для спини

såpe

мило

dusjsåpe

гель для душу

sjampo

шампунь

vaskeklut

мочалка

avløp

водостік

krem

крем

deodorant

дезодорант

spegel
дзеркало

handspegel
косметичне дзеркало

barberhøvel
бритва

barberskum
піна для гоління

barberingsvatn
лосьйон після гоління

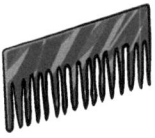
kam
гребінь

børste
щітка

hårfønar
фен

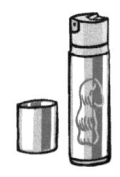
hårspray
лак для волосся

sminke
косметика

leppestift
губна помада

naglelakk
лак для нігтів

bomullsdott
вата

naglesaks
ножиці для нігтів

parfyme
парфум

toalettmappe
косметичка

krakk
табурет

vekt
ваги

badekåpe
халат

gummihanskar
гумові рукавички

tampong
тампон

sanitetsbind
гігієнічні прокладки

kjemisk toalett
біотуалет

barnerom
дитяча кімната

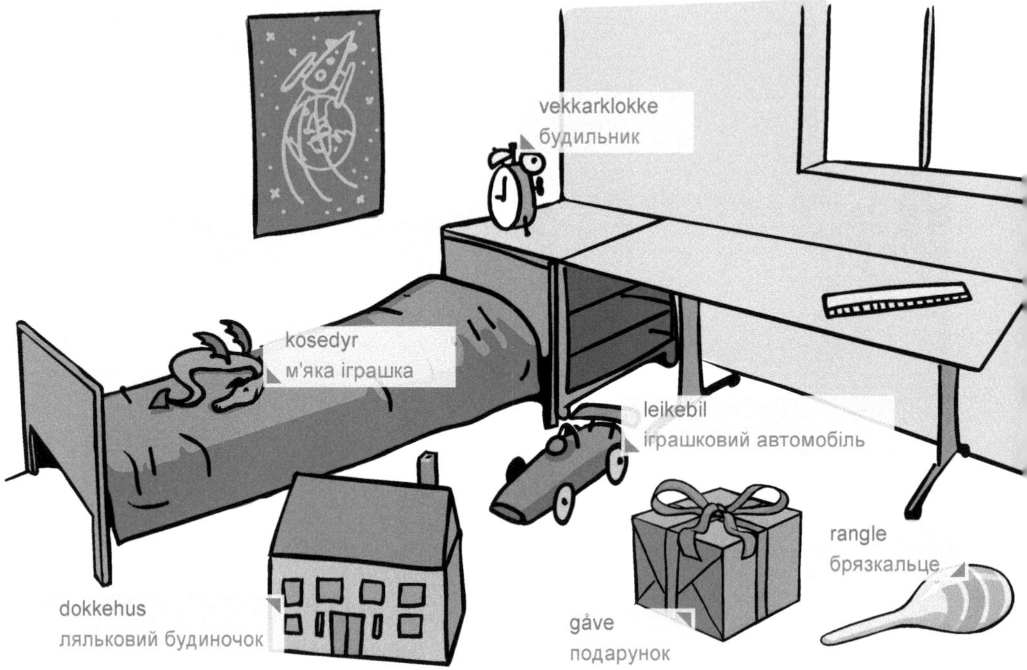

vekkarklokke — будильник
kosedyr — м'яка іграшка
leikebil — іграшковий автомобіль
dokkehus — ляльковий будиночок
gåve — подарунок
rangle — брязкальце

ballong
повітряна кулька

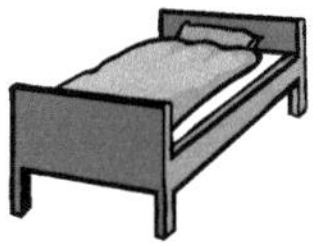

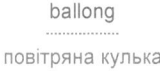

seng
ліжко

barnevogn
дитячий візок

kortstokk
картярська гра

puslespel
пазл

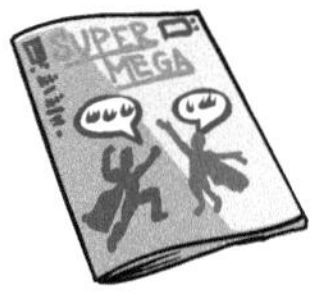

teikneserie
комікс

legoklossar
лего цеглинки

byggjeklossar
блоки

actionfigur
іграшкова фігурка

sparkebukse
повзунки

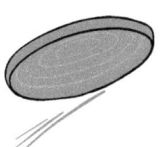

frisbee
фризбі

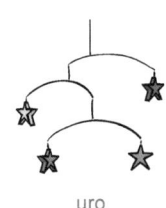

uro
мобіле

brettspel
настільна гра

terning
кубик

togbane
модель залізнична станція

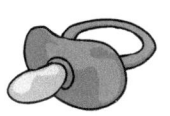

smokk
соска

fest
вечірка

biletbok
книжка з картинками

ball
м'яч

dokke
лялька

leike
грати

barnerom - дитяча кімната

sandkasse

пісочниця

gynge

гойдалка

leiketøy

іграшка

spelekonsoll

гральна консоль

trehjulssykkel

триколісний велосипед

bamse

плюшевий мішка

garderobeskåp

шафа

klede
одяг

sokker

шкарпетки

strømper

панчохи

strømpebukse

колготки

44   klede - одяг

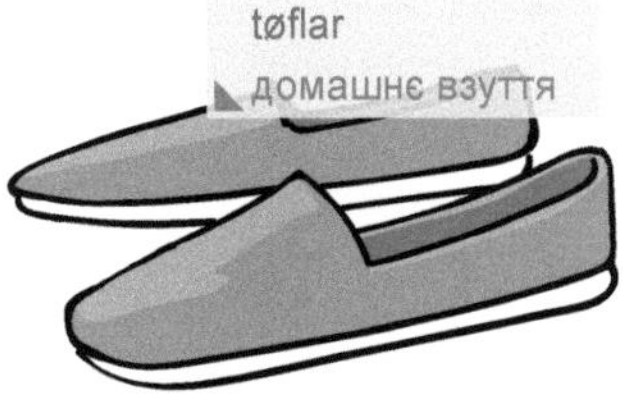

skjerf / шарф

paraply / парасоля

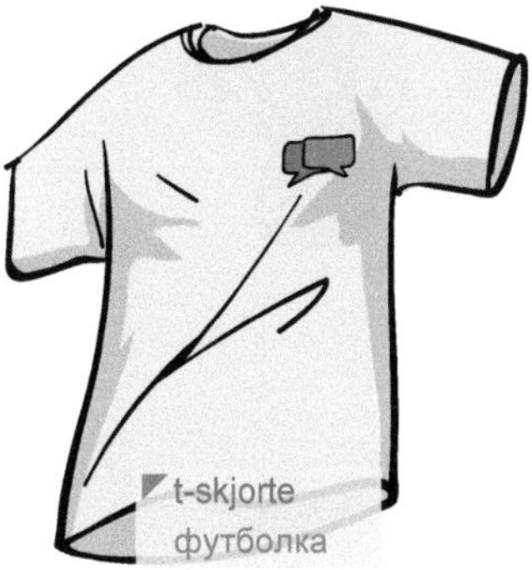

t-skjorte / футболка

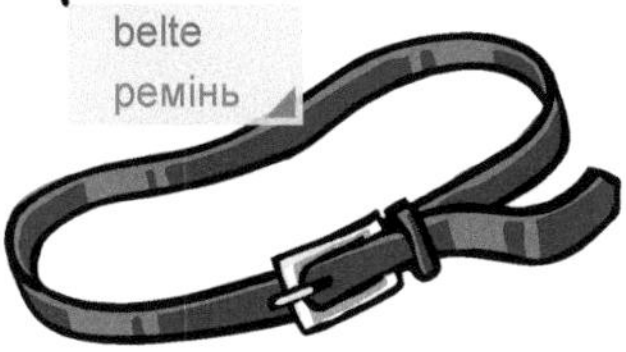

belte / ремінь

støvlar / чоботи

tøflar / домашнє взуття

sneakers / кросівки

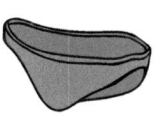

sandalar

сандалі

sko

взуття

gummistøvlar

гумові чоботи

underbukse

труси

BH

бюстгальтер

undertrøye

нижня сорочка

klede - одяг

body

боді

bukse

штани

dongeribukse

джинси

skjørt

спідниця

bluse

блузка

skjorte

сорочка

genser

пуловер

hettegenser

светр

dressjakke

піджак

jakke

куртка

kåpe

пальто

regnjakke

дощовик

drakt

костюм

kjole

сукня

brudekjole

весільна сукня

klede - одяг

dress

костюм

nattkjole

нічна сорочка

pyjamas

піжама

sari

сарі

skaut

головна хустка

turban

чалма

burka

бурка

kaftan

кафтан

abaya

абая

badedrakt

купальник

badebukse

плавки

shorts

шорти

treningsklede

тренувальний костюм

forkle

фартух

hanskar

рукавички

klede - одяг

knapp
гудзик

brille
окуляри

armband
браслет

kjede
ланцюг

ring
кільце

øyredobb
сережка

lue
шапка

kleshengar
плічка

hatt
капелюх

slips
краватка

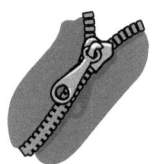

glidelås
застібка-блискавка

hjelm
шолом

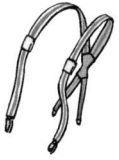

bukseselar
підтяжки

skuleuniform
шкільна форма

uniform
уніформа

smekke
нагрудник

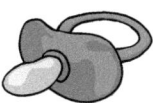
smokk
соска

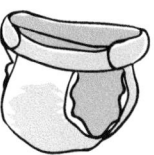
bleie
підгузок

kontor
офіс

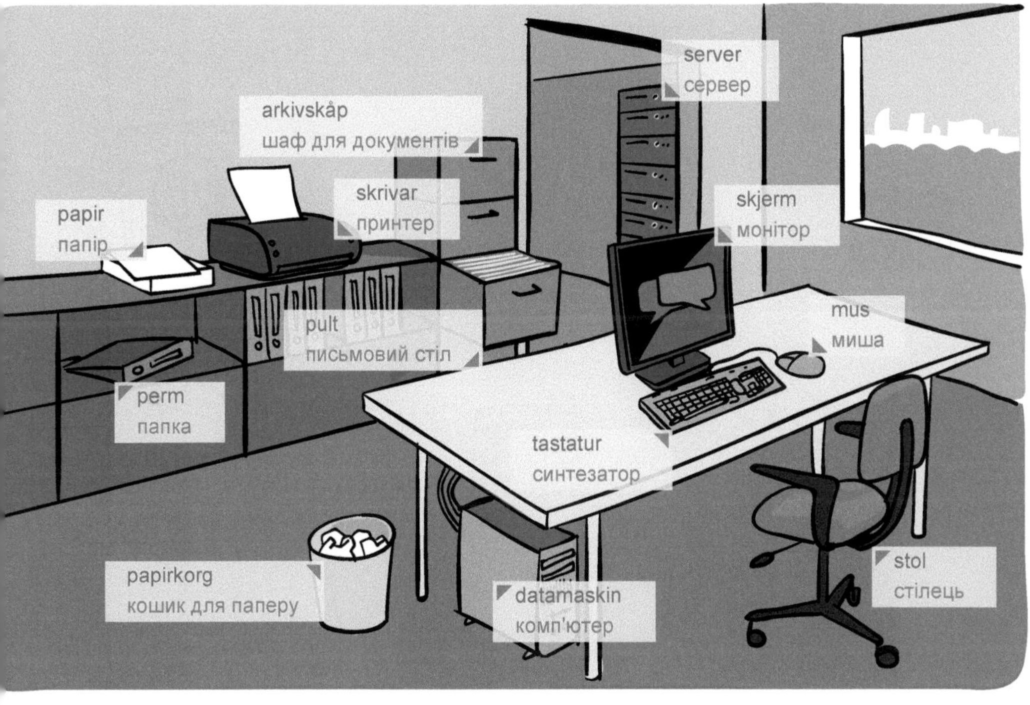

- server — сервер
- arkivskåp — шаф для документів
- skrivar — принтер
- skjerm — монітор
- papir — папір
- pult — письмовий стіл
- mus — миша
- perm — папка
- tastatur — синтезатор
- papirkorg — кошик для паперу
- datamaskin — комп'ютер
- stol — стілець

kaffikopp
кавовий кухоль

kalkulator
калькулятор

internett
інтернет

bærbar pc
ноутбук

brev
лист

beskjed
повідомлення

mobiltelefon
мобільний телефон

nettverk
мережа

kopimaskin
копіювальний пристрій

programvare
програмне забезпечення

telefon
телефон

stikkontakt
розетка

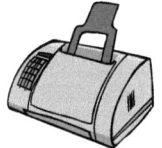
faksmaskin
факс

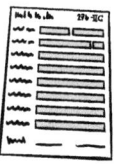
skjema
бланк

dokument
документ

økonomi
економіка

kjøpe
купувати

betale
платити

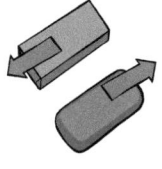

handle
торгувати

pengar
гроші

dollar
долар

euro
євро

yen
ієна

rubel
рубль

sveitserfranc
франк

renminbi
юанів женьміньбі

rupi
рупія

minibank
банкомат

vekslingskontor
обмінний пункт

gull
золото

sølv
срібло

olje
нафта

energi
енергія

pris
ціна

kontrakt
контракт

avgift
податок

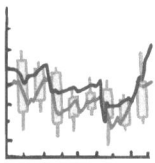
aksje
акція

jobbe
працювати

tilsett
працівник

arbeidsgjevar
роботодавець

fabrikk
фабрика

butikk
магазин

økonomi - економіка

yrker
професії

politibetjent
поліцейський

brannmann
пожежник

kokk
повар

lækjar
лікар

pilot
пілот

gartnar

садівник

snekkar

столяр

sydame

швачка

dommar

суддя

kjemikar

хімік

skodespelar

актор

bussjåfør
водій автобуса

taxisjåfør
таксист

fiskar
рибалка

vaskedame
прибиральниця

taktekkar
покрівельник

kelner
офіціант

jeger
мисливець

målar
художник

bakar
пекар

elektrikar
електрик

bygningsarbeidar
будівельник

ingeniør
інженер

slaktar
забійник

røyrleggjar
бляхар

postbud
листоноша

yrker - професії

soldat
солдат

arkitekt
архітектор

kasserar
касир

blomsterhandlar
флорист

frisør
перукар

konduktør
кондуктор

mekanikar
механік

kaptein
капітан

tannlege
дантист

forskar
вчений

rabbi
рабин

imam
імам

monk
монах

prest
пастор

yrker - професії

verktøy
інструменти

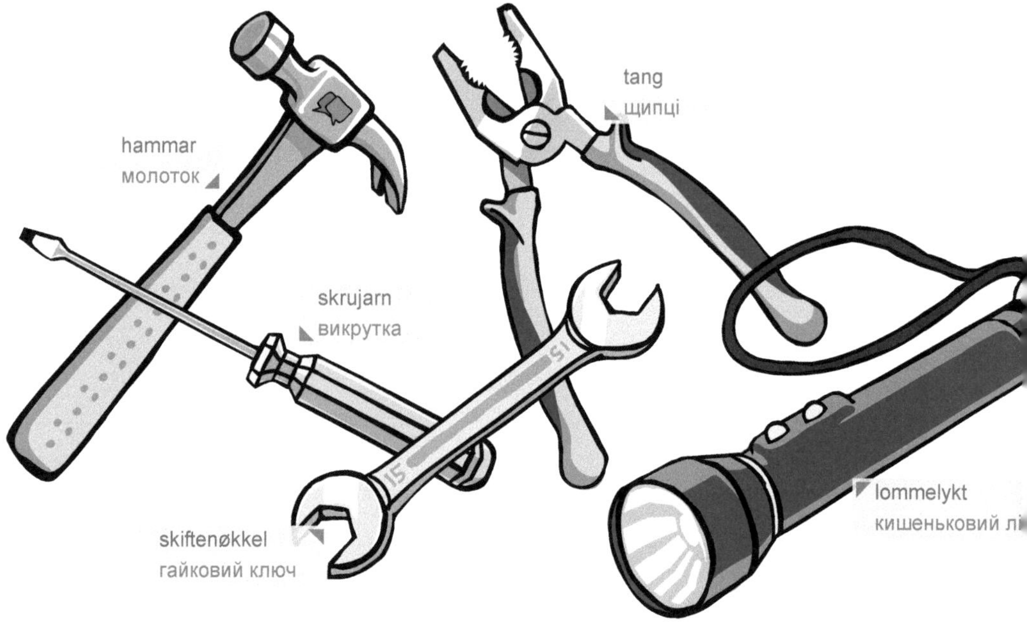

hammar
молоток

tang
щипці

skrujarn
викрутка

skiftenøkkel
гайковий ключ

lommelykt
кишеньковий лі

gravemaskin
екскаватор

verktøykasse
ящик для інструментів

stige
драбина

sag
пилка

spikar
цвяхи

bor
свердло

reparere
ремонтувати

spade
лопата

Søren!
лайно!

feiebrett
совок

målingsspann
відро з фарбою

skruar
гвинти

musikkinstrument
музичні інструменти

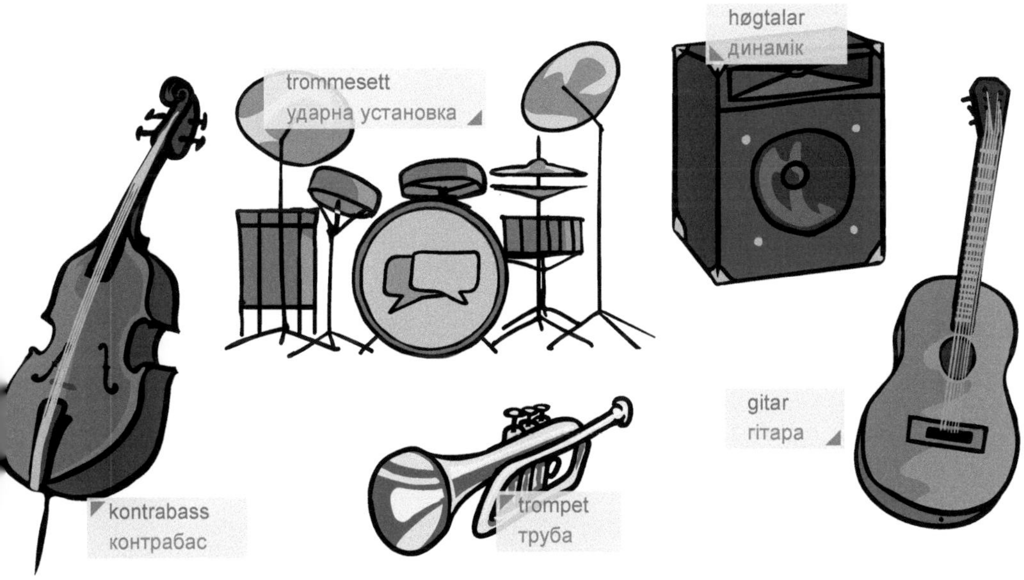

trommesett
ударна установка

høgtalar
динамік

gitar
гітара

kontrabass
контрабас

trompet
труба

piano — фортепіано

fiolin — скрипка

bass — бас

pauke — литаври

trommer — барабан

keyboard — клавіатура

saksofon — саксофон

fløyte — флейта

mikrofon — мікрофон

dyrehage
зоопарк

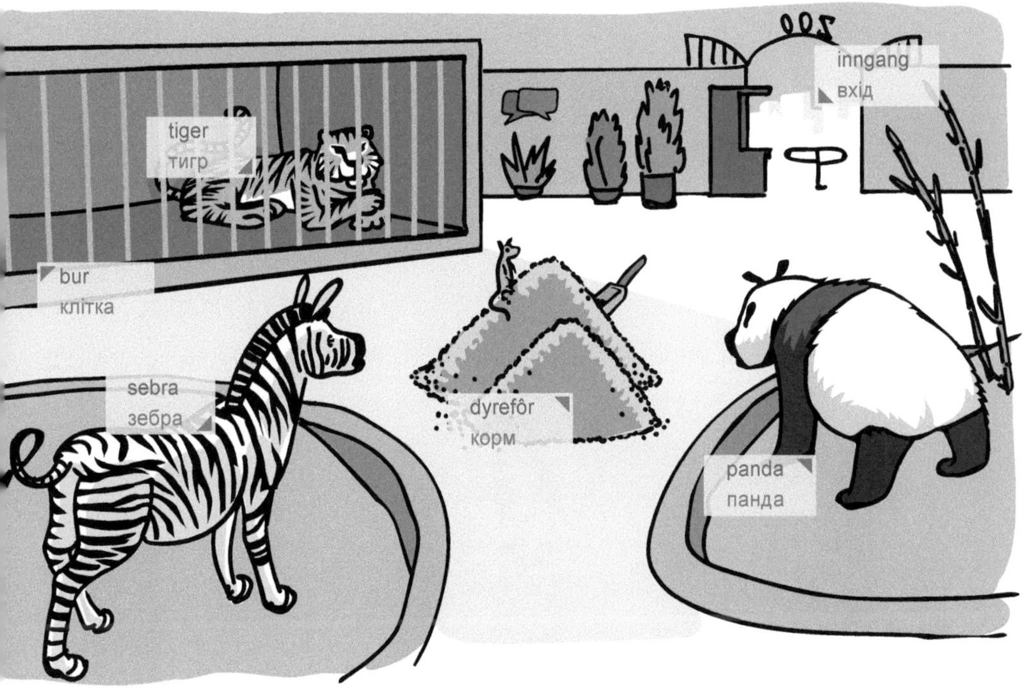

- tiger / тигр
- inngang / вхід
- bur / клітка
- sebra / зебра
- dyrefôr / корм
- panda / панда

dyr
тварини

elefant
слон

kenguru
кенгуру

nashorn
носоріг

gorilla
горила

bjørn
ведмідь

kamel
верблюд

struts
страус

løve
лев

ape
мавпа

flamingo
фламінго

papegøye
папуга

isbjørn
білий ведмідь

pingvin
пінгвін

hai
акула

påfugl
павич

slange
змія

krokodille
крокодил

dyrepassar
працівник зоопарку

sel
тюлень

jaguar
ягуар

ponni
поні

leopard
леопард

flodhest
гіпопотам

giraff
жираф

ørn
орел

villsvin
кабан

fisk
риба

skilpadde
черепаха

kvalross
морж

rev
лисиця

gaselle
газель

dyrehage - зоопарк

sport
спорт

aktivitetar
дії

| skrive | teikne | vise |
| писати | малювати | показувати |

| trykkje | gi | ta |
| тиснути | давати | брати |

ha
мати

gjere
робити

vere
бути

stå
стояти

løpe
бігати

dra
тягнути

kaste
кидати

falle
падати

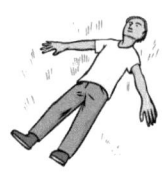

ligge
лежати

vente
очікувати

bære
носити

sitje
сидіти

kle på seg
одягати

sove
спати

vakne
просипатися

sjå på
дивитися

gråte
плакати

stryke
гладити

kjemme
розчісувати

snakke
розмовляти

forstå
розуміти

spørje
питати

høyre
слухати

drikke
пити

ete
їсти

rydde
прибирати

elske
любити

lage mat
варити

køyre
їхати

flyge
літати

aktivitetar - дії

segle

йти під вітрилом

rekne

рахувати

lese

читати

lære

вчитися

jobbe

працювати

gifte seg

одружуватися

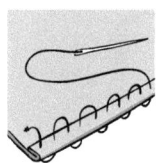

sy

шити

pusse tenner

чистити зуби

drepe

убивати

røykje

курити

sende

посилати

familie
сім'я

- bestemor / бабуся
- bestefar / дідуся
- far / батько
- mor / мати
- baby / немовля
- dotter / донька
- son / син

gjest
гість

tante
тітка

onkel
дядько

bror
брат

søster
сестра

familie - сім'я

kropp
тіло

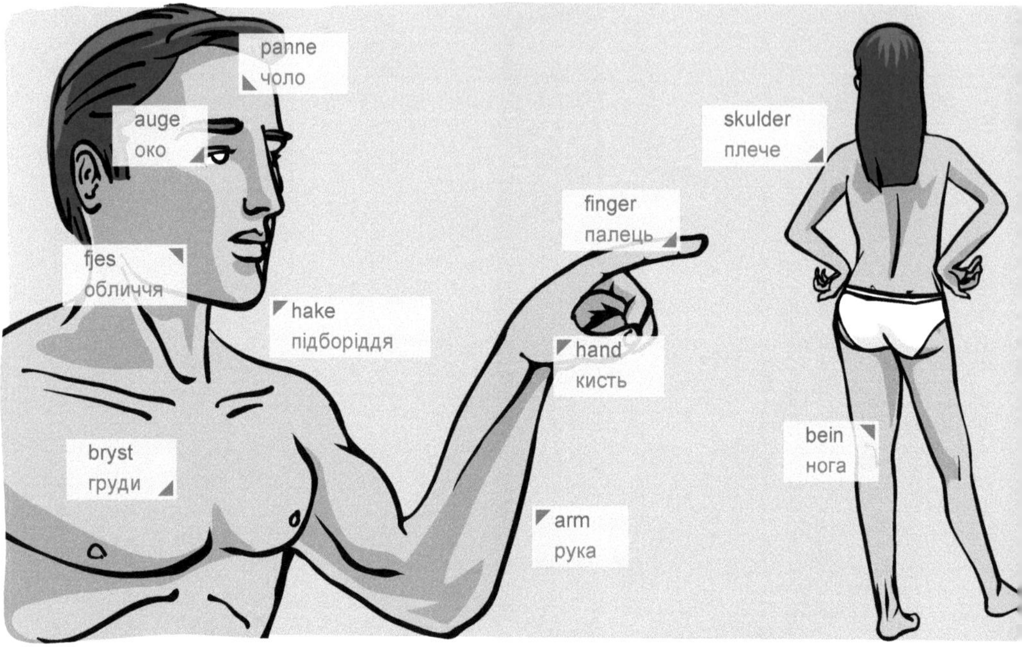

panne
чоло

auge
око

skulder
плече

finger
палець

fjes
обличчя

hake
підборіддя

hand
кисть

bryst
груди

bein
нога

arm
рука

baby
немовля

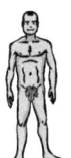

mann
чоловік

kvinne
жінка

jente
дівчина

gut
хлопчик

hovud
голова

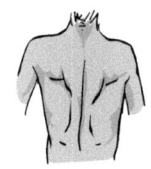

rygg
спина

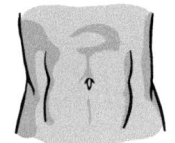

mage
живіт

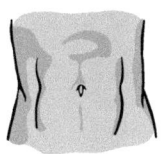

navle
пуп

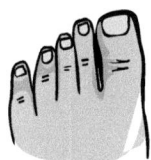

tå
палець ноги

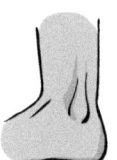

hæl
п'ята

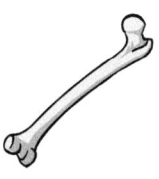

bein
кістка

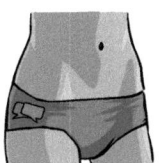

hofte
стегно

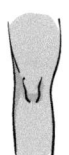

kne
коліно

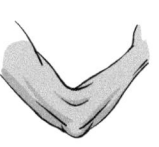

olboge
лікоть

nase
ніс

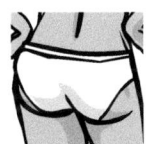

rumpe
сідниці

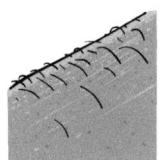

hud
шкіра

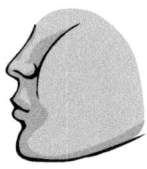

kinn
щока

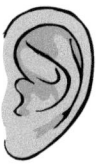

øyre
вухо

leppe
губа

kropp - тіло

munn
рот

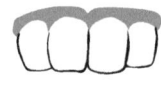
tann
зуб

tunge
язик

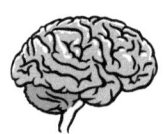
hjerne
мозок

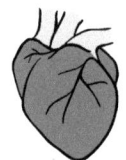
hjarte
серце

muskel
м'яз

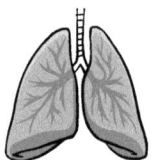
lunge
легені

lever
печінка

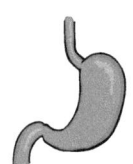
magesekk
шлунок

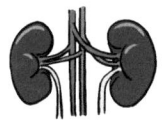
nyrer
нирки

samleie
статевий акт

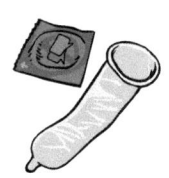
kondom
презерватив

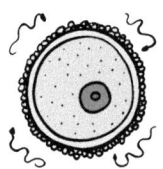
eggcelle
яйцеклітина

sæd
сперма

graviditet
вагітність

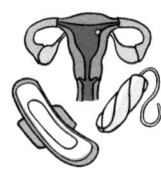

menstruasjon
менструація

vagina
вагіна

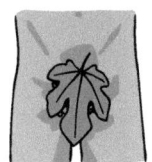

penis
пеніс

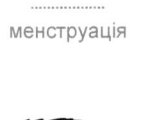

augebryn
брова

hår
волосся

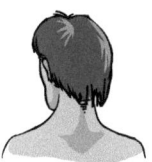

hals
шия

kropp - тіло

sykehus
лікарня

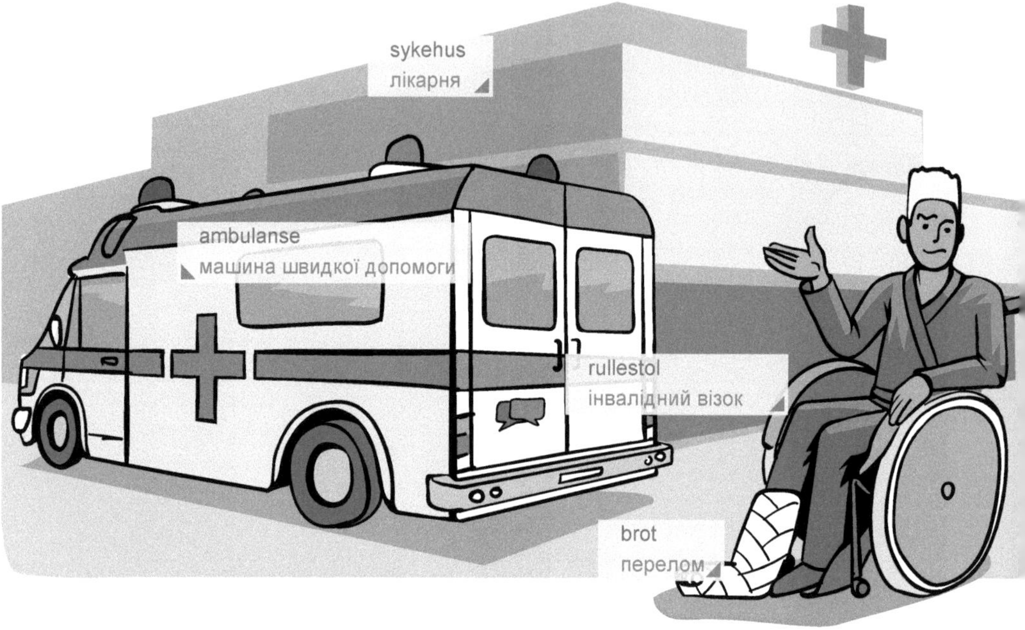

sykehus
лікарня

ambulanse
машина швидкої допомоги

rullestol
інвалідний візок

brot
перелом

lækjar

лікар

akuttmottak

відділення швидкої
медичної допомоги

sjukepleiar

медсестра

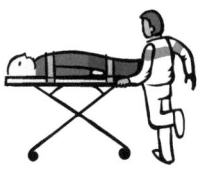

naudsituasjon

аварійний випадок

medvitslaus

непритомний

smerte

біль

skade
травма

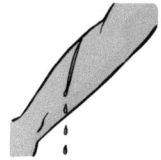
bløding
кровотеча

hjarteinfarkt
інфаркт

hjerneslag
інсульт

allergi
алергія

hoste
кашель

feber
лихоманка

influensa
грип

diaré
пронос

hovudpine
головна біль

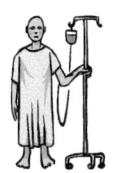
kreft
рак

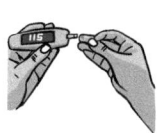
diabetes
діабет

kirurg
хірург

skalpell
скальпель

operasjon
операція

sykehus - лікарня

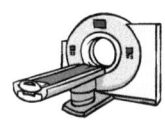
CT
КТ

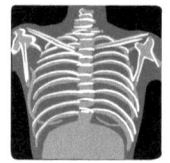
røntgen
рентген

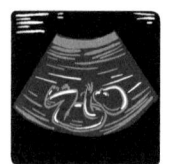
ultralyd
ультразвук

ansiktsmaske
маска

sjukdom
хвороба

venterom
зал очікування

krykkje
милиця

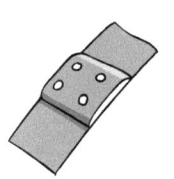
plaster
пластир

bandasje
пов'язка

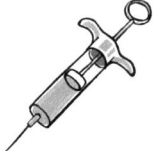
injeksjon
ін'єкція

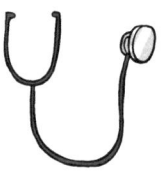
stetoskop
стетоскоп

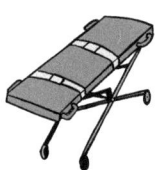
båre
ноші

klinisk termometer
термометр

fødsel
народження

overvekt
надмірна вага

sykehus - лікарня

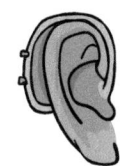

høyreapparat

слуховий апарат

desinfeksjonsmiddel

дезінфікуючий засіб

infeksjon

інфекція

virus

вірус

HIV/AIDS

ВІЛ / СНІД

medisin

медицина

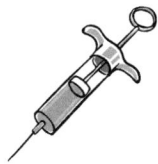

vaksinasjon

вакцинація

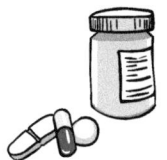

tablettar

таблетки

pille

протизаплідна пігулка

nødanrop

екстрений виклик

blodtrykksmålar

тонометр

sjuk / frisk

хворий / здоровий

naudsituasjon
аварійний випадок

Hjelp!
Допоможіть!

alarm
сигнал тривоги

overfall
напад

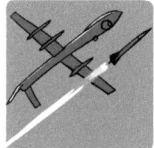
angrep
атака

fare
небезпека

naudutgang
аварійний вихід

Brann!
Вогонь!

brannsløkkingsapparat
вогнегасник

ulykke
аварія

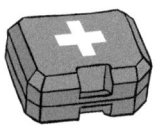
førstehjelpsskrin
аптечка

SOS
СОС

politi
поліція

jorda
Земля

Europa
Європа

Nord-Amerika
Північна Америка

Sør-Amerika
Південна Америка

Afrika
Африка

Asia
Азія

Australia
Австралія

Atlanterhavet
Атлантика

Stillehavet
Тихий океан

Indiahavet
Індійський океан

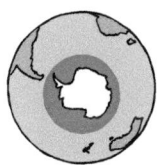

Sørishavet
Антарктичний океан

Nordishavet
Північний Льодовитий океан

Nordpolen
Північний полюс

Sørpolen

Південний полюс

Antarktis

Антарктика

jorda

Земля

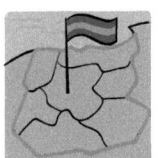

land

суша

sjø

море

øy

острів

nasjon

нація

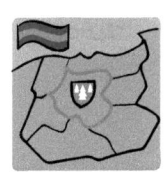

stat

держава

klokke
годинник

urskive

циферблат

timevisar

годинникова стрілка

minuttvisar

хвилинна стрілка

sekundvisar

секундна стрілка

Kva er klokka?

Котра година?

dag

день

tid

час

no

зараз

digitalklokke

цифровий годинник

minutt

хвилина

time

година

veke
тиждень

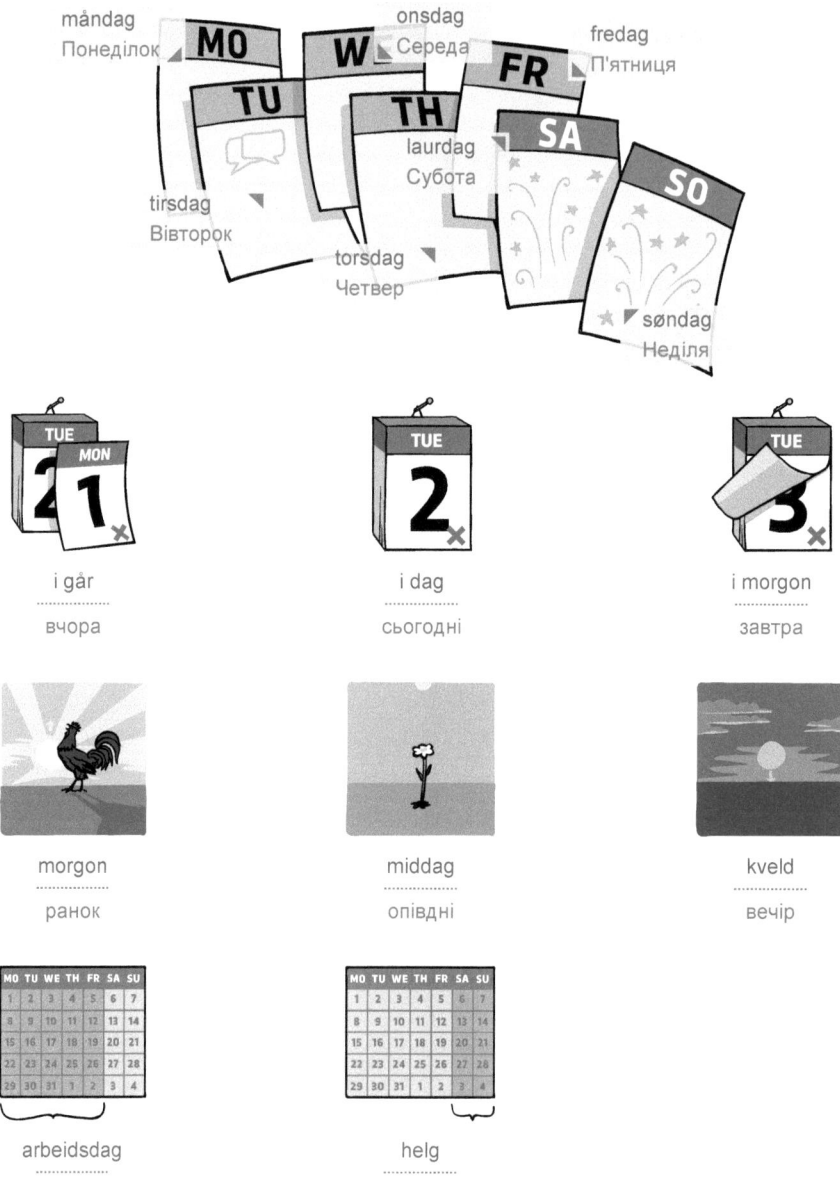

år

рік

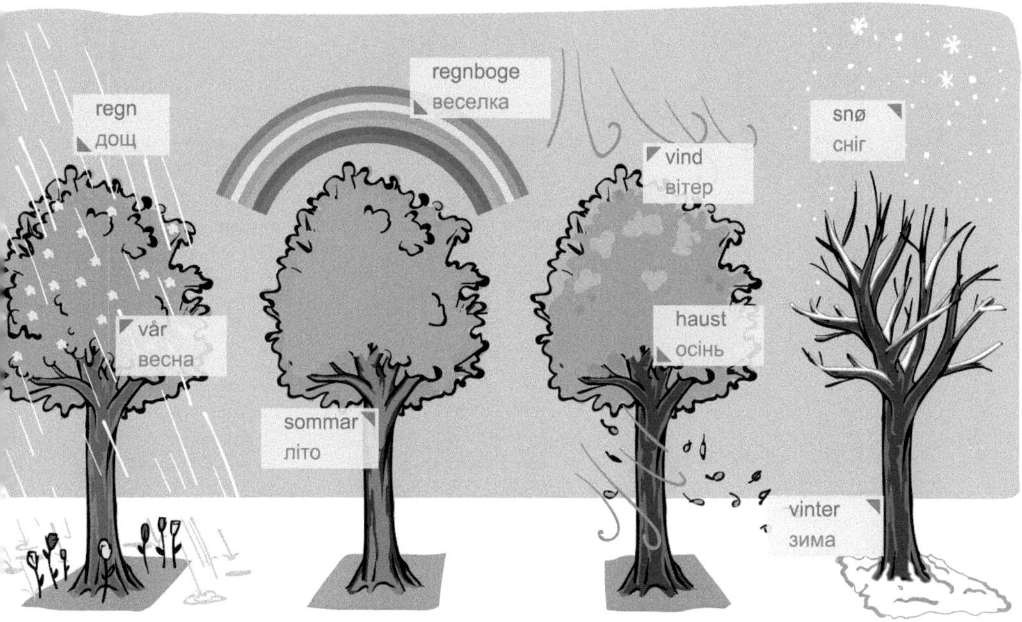

regn
дощ
regnboge
веселка
snø
сніг
vind
вітер
vår
весна
haust
осінь
sommar
літо
vinter
зима

4.APRIL 11°
5.APRIL 4°
6.APRIL 13°
7.APRIL 8°
8.APRIL 10°

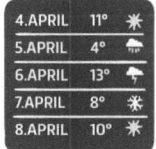

vêrmelding

прогноз погоди

F
C
120
90
60
30
0
-30
40
30
20
10
0
-10
-20

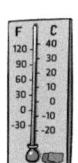

termometer

термометр

solskin

сонячне світло

sky

хмара

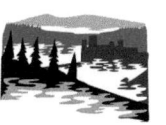

tåke

туман

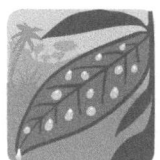

luftfuktigheit

вологість повітря

lyn
блискавка

torden
грім

storm
шторм

hagl
град

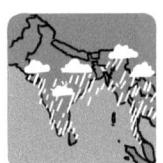
monsun
мусон

overfløyming
повінь

is
лід

januar
Січень

februar
Лютий

mars
Березень

april
Квітень

mai
Травень

juni
Червень

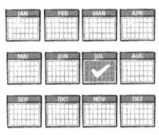
juli
Липень

august
Серпень

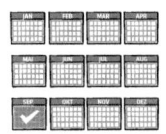
september
Вересень

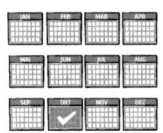
oktober
Жовтень

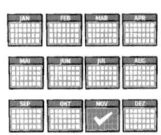
november
Листопад

desember
Грудень

former
форми

sirkel
круг

kvadrat
квадрат

rektangel
прямокутник

triangel
трикутник

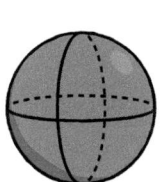
kule
куля

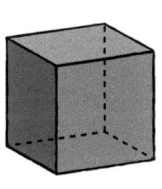
kube
куб

fargar
фарби

kvit

білий

gul

жовтий

oransje

помаранчевий

rosa

рожевий

raud

червоний

lilla

фіолетовий

blå

синій

grøn

зелений

brun

коричневий

grå

сірий

svart

чорний

motsetnader
протилежності

mykje / lite

багато / мало

sint / roleg

лютий / мирний

pen / stygg

гарний / бридкий

start / slutt

початок / кінець

stor / liten

великий / малий

lys / mørk

світлий / темний

bror / søster

брат / сестра

rein / skiten

чистий / брудний

fullstendig / ufullstendig

завершений / незавершений

dag / natt

день / ніч

død / levande

мертвий / живий

breid / smal

широкий / вузький

etande / uetande

їстівний / неїстівний

ond / snill

злий / дружній

begeistra / lei

збуджений / нудьгуючий

tjukk / tynn

товстий / тонкий

først / sist

спочатку / востаннє

ven / fiende

друг / ворог

full / tom

повний / порожній

hard / mjuk

жорсткий / м'який

tung / lett

важкий / легкий

svolten / tørst

голод / спрага

sjuk / frisk

хворий / здоровий

ulovleg / lovleg

незаконний / законний

intelligent / dum

розумний / дурний

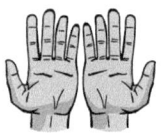

venstre / høgre

вліво / вправо

nær / langt unna

поруч / далеко

ny / brukt

новий / використаний

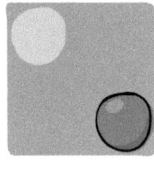

ingenting / noko

нічого / щось

gamal / ung

старий / молодий

på / av

вкл / викл

open / stengd

відкрито / закрито

lågt / høgt

тихо / гучно

rik / fattig

багатий / бідний

riktig / feil

правильно / неправильно

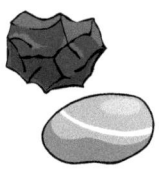

ru / glatt

шорсткий / гладкий

trist / glad

сумний / щасливий

kort / lang

короткий / довгий

langsam / rask

повільно / швидко

vått / tørt

вологий / сухий

varm / lunken

гарячий / холодний

krig / fred

війна / мир

motsetnader - протилежності

tal
числа

0
null
нуль

1
ein
один

2
to
два

3
tre
три

4
fire
чотири

5
fem
п'ять

6
seks
шість

7
sju
сім

8
åtte
вісім

9
ni
дев'ять

10
ti
десять

11
elleve
одинадцять

12
tolv
дванадцять

13
tretten
тринадцять

14
fjorten
чотирнадцять

15
femten
п'ятнадцять

16
seksten
шістнадцять

17
sytten
сімнадцять

18
atten
вісімнадцять

19
nitten
дев'ятнадцять

20
tjue
двадцять

100
hundre
сто

1.000
tusen
тисяча

1.000.000
million
мільйон

språk
мови

engelsk

англійська

amerikansk engelsk

американська англійська

mandarin

китайська високочиновницька

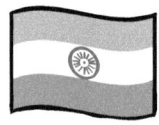

hindi

хінді

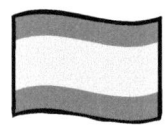

spansk

іспанська

fransk

французька

arabisk

арабська

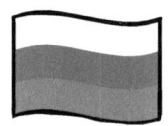

russisk

російська

portugisisk

португальська

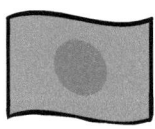

bengali

бенгальська

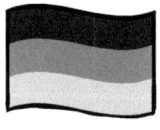

tysk

німецька

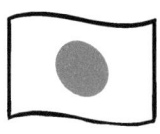

japansk

японська

kven / kva / korleis
хто / що / як

eg
я

du
ти

han / ho / det
він / вона / воно

vi
ми

de
ви

dei
вони

kven?
хто?

kva?
що?

korleis?
як?

kvar?
де?

når?
коли?

namn
ім'я

kvar
де

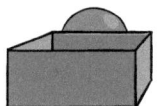

bakom

ззаду

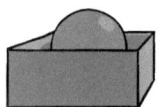

i

в

framfor

перед

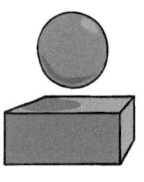

over

над

på

на

under

під

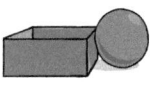

ved sida av

біля

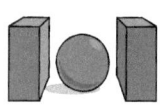

mellom

між

stad

місце